The Thirsty Animals

Kim James
Illustrated by Gregory Alexander

The thirsty lions drink
at the water hole.

2

3

The thirsty zebras see the lions.
The zebras wait.

5

The thirsty giraffes see the lions.
The giraffes wait.

The thirsty baboons see the lions.
The baboons wait.

9

The lions leave.

The thirsty animals drink at the water hole.